나비의
사상

사십편시선 008

나비의 사상 김영춘 시집

2013년 9월 16일 제1판 제1쇄 인쇄
2013년 9월 23일 제1판 제1쇄 발행

지은이	김영춘
펴낸이	강봉구
기획	사십편시선 편찬위원회
디자인	page9.bonggune
인쇄제본	(주)아이엠피
펴낸곳	작은숲출판사
등록번호	제406 - 2013 - 000081호
주소	413 - 120 경기도 파주시 문발로 119(문발동) 306호
전화	070 - 4067 - 8560
팩스	0505 - 499 - 8560
홈페이지	http://cafe.daum.net/littlef2010
페이스북	http://www.facebook.com/littlef2010
이메일	littlef2010@daum.net

ⓒ 김영춘, kyc0050@hanmail.net

ISBN 978 - 89 - 97581 - 32 - 0 03810
값 8,000원

※이 책은 저작권법에 따라 보호받는 저작물이므로 무단 전재와 무단 복제를 금합니다
※이 책의 전부 또는 일부를 이용하려면 반드시 저작권자와 '작은숲출판사'의 동의를
   받아야 합니다.

人人 사십편시선
008

나비의 사상

김영춘 시집

| 자서 |

사는 일이 내 시의 깊숙한 곳에서 늘 새롭게 태어나길 원했으나
스스로를 성찰하거나 뜻을 지키는 일에 매달리느라
그러지 못했다.
묵은 서랍장에서 90년대 중반 이후의 시들을 꺼내어
바람 부는 세상 속으로 내보낸다. 여기에 나의 회한이 있다.

2013년 9월
김영춘

차례

- 자서　05
- 차례　06

제1부

그 가을	010
절정	011
첫사랑	013
가을꽃	015
시야 미안하다	016
채소밭에서	018
추석	019
하느님께	020
살아 있는 날들의 평화	021
그늘	023
오동꽃에 입맞추다	025
새벽	026
목련 두 그루	027

새싹	028
봄강물	029
산을 오르다	031
웃기는 말도 안되는	032
꽃밭에서	034

제 2 부

그렇게 살지 않고는 견딜 수 없는	036
다시 복사꽃 피고	039
침針	040
집	043
큰 누님 돌아온 첫날밤	044
늙은 부부	046
너무나 인간적인	048
숭어 한 마리	049
길	051
흑백사진	052
나비의 사상	053
옛집에 눕다	055
붉은 마음	056

고갯길	057
딸들아	059
흰머리	060
모든 것	061
얼마나 작은 것들이 모여 오늘을 이루었는지요	063
그대 있음에	066
매미의 자율학습	068
저기 저기 노을 좀 봐요	069
나무—한은수 선생님과 그 동지들을 위하여	071
그 사람 있습니다	073
마을에서 살고 싶었다	075

● 발문(鄭洋 시인)　　　　　　　　　080

제 １ 부

그 가을

너무 깊어 울음소리도 없네

사람도 마을도 그저
나뭇잎이나 뚝뚝 떨어뜨리네

저 홀로 흘러가는
유장한 강물 앞에 서서
차마 사람의 일을
말할 수가 없네

눈물도 없이
슬픔이 빛나고 있으니
정말 꼼짝도 할 수가 없네

절정

갈 데까지 가버린
절정의 경계에 서지 않고
누구는 시를 쓰고
누구는 또 시를 읽느냐는
시도 안 쓰는 친구의 말을 듣다가
그렇지 않느냐는
술 취한 다그침을 듣다가

화들짝
나는 한 번도 오르지 못한
절정에 올라
기쁨에 몸을 떤다

모든 기쁨의 순간보다
모든 깨우침의 순간보다 먼저
갈 데까지 가버린 숨막힘이

늘 두려운 얼굴로
내 옆에 서 있었던 것이다

첫사랑

스물 서넛쯤의 나이였을까
늦깎이로 세상에 눈 떠가던 때
선술집을 걸어 나오며 비틀거리는 맛을
이제 막 알아가던 저물던 70년대

아무렇지도 않게 길을 건너고
표정도 없이 일을 서두르는
아저씨들을 보며
난데없이 눈물이 돌고
목덜미 살이 뻐근해졌다

분노도 눈물도 없이
일을 서두르다니
분노도 눈물도 없이
길을 건너다니
그런 마음 떠올랐었다

사람이 미워서 못살겠던
나 아닌 다른 가슴에 대한
첫사랑이었던 듯싶은데

지금은 내가 그렇게 살고 있다니
꿈도 없는 일을 끝내고
집으로 가는 길을 서두르다니
반기는 어린 것의 뺨에
입을 맞추고 있다니

수십 년의 세월이 흘렀고
세상이 변했다는데
살고 있는 집도 바뀌었는데
떠날 곳 없는
우리의 첫사랑아.

가을꽃

봄꽃은
눈동자 속에서
아른아른 피어나지만
가을꽃은
가슴속에서
한 점 한 점 생겨난다
곱게 피어났다가
쓸쓸하게 지는 것이 아니라
쓸쓸하게 피어났다가
아프게 쓰러져 눕는다
사람과 이별하는 게 아니라
볼 것도 없는 세월을
영영 따라다닌다
독하게 아름다운 꽃이다

시야 미안하다

참, 시 같은 약속을 했었다
네 마음의 언덕길을 오르며
한 인생을 세우겠노라
몸부림치며 살아내겠노라
아무도 알 수 없는
나와 나 사이의 언약이었다

젊은 날의 맹세는 헛되이 흘렀나 보다
눈뜨면 늘 새로운 아침이건만
새로운 세상은 갈수록 멀다

가슴 아픈 사람들의 가슴
덥혀 줄 시 한 편 쓰지 못하고
할 말도 끊어진 깊은 밤에
약속도 못되는 이런 고백을 하며
가슴이 무너지다니

시야, 정말 미안하다.

채소밭에서

채소밭에는
종일 햇빛이 내려
어린잎에 스민다

비 온 뒤
부쩍 자란 채소밭을
바람이 간지럽히는 동안

같은 빛깔의 배추벌레는
제 앞에 놓인 어린잎을
입 안 가득 베어 문다

흔적 없이 흘러간
몸부림쳤던 일들처럼
채소밭에 숨는
바람이 간지럽다

추석

드디어
모락모락 김이 오르는
한 식구의 밥상이렷다

무너진 가슴들이
잃어버린 길을 더듬거리며 찾아와
늙은 어머니 품에서
어리광을 부리렷다

할머니
직각의 허리에 아이를 업은 채로
사립문 앞을 흥얼거리렷다

함께 둘러앉아
와자지껄
산골의 적막을 깨뜨리렷다

하느님께

하루에도 사랑한다는 말이
수십 번씩 떠오르지만

아무리 생각해봐도
진짜 사랑은 못 해봤는데

이렇게 굶주린 사랑으로도
정말 사랑이 잘 될는지요

살아 있는 날들의 평화

눈 덮인 엄동
물새들이 강을 따라
떼를 지어 내려앉았다
천진무구의 눈동자와 부리만으로
뭘 찾을 수 있겠나
쓸데없는 걱정을 해보지만
끼룩 끼룩 꾹 꾹
서로를 부르는 목소리에
환호성이 가득 묻는다

너희가 내려앉을 땅이 있었구나
그곳에 먹이가 있었구나
자꾸 살아서 식구를 이루었구나
작은 가슴으로도
쿵쾅 쿵쾅 피를 돌리고
발끝까지 따뜻한 기운을 보내고 있었구나

물새들의 빠알간 발가락이
얼음장을 헤치며 물질을 한다

그늘

껄껄거리며 화창하게 지내던
친구가 세상을 떠났다.

잘 가게
이별의 잔을 올리다가
액자 속의 사진과 눈이 마주치고는
화들짝 놀라고 만다

이 친구의 얼굴에 그늘이 내리다니
화창한 인생에도 그늘이 스며 있었다니
이제야 여기에 서서 그걸 알게 되다니

떠난 자의 그늘이
산 자의 따귀를 때리며 가르치려 한다

그늘은 어디에든 내려

저를 감추고 숨어 지내는 것을
너무 오랫동안 모르고 지낸 셈이다
형편없는 일이다

오동꽃에 입맞추다

눈뜨는 사월
부산떨며 제 살림 챙겨 가는
풀꽃들 바라보다가
늙어진 뒤의 일이나 생각하였네

무엇을 기다렸을까
푸른 오동 한 그루
뜻이 부러진 자리에서 움이 트더니
오늘은 동네 밖 어귀에 서서
먼 곳을 보네

삶이란 시간의 바깥에서도 자라는 나무였을까
늙어서도 그리울
마음속이 서늘한 여자였군
포름한 오동꽃

새벽

먼 빛이 달려와 가슴 깊이 박힙니다
지난 밤 내내 수선하던 길들이 선명한 핏줄처럼 열리고
비로소 쏟아지는 잠 속으로 바람은 고요히 쳐들어와
내 정신의 풀잎을 살랑이게 합니다
문득 그리운 사람들의 이름을 목구멍 속에 가두어도
이제 눈물 나지 않습니다
새로 거저 얻은 사랑입니다

목련 두 그루

나뉠 수 없는 두 마음이
나란히 피었습니다
같은 처지에 비슷한 마음으로
이 세상 한 구석을 환히 웃었습니다

새싹

누구 가슴 어느 골짜기에서
어여쁜 그 마음 돋아났을까

싸우면 이기리
싸우면 끝내 이기리

맨 처음 그랬었을까

사랑도 눈물도
마른 줄기로 시들던 나날

적막강산에 어찌 그리
파릇하게 돋아났을까

봄강물

얼어붙어
흐르는 줄도 모르겠던 강물
졸졸졸 흘러간다
소년처럼 순한 얼굴을
뒤집어 보이며
반짝이기도 한다
돌아보지 않아도 안다
잔잔한 숨결 저 어디쯤
눈이 말똥한 민물고기떼
꼬리 흔들며 거슬러 올라
좋아 죽겠다 방정떨고 있으리
훌륭하구나
부질없는 기다림도
쓴 약처럼 먹고
너희들 한 품에서 살아가거니
이제 쉽게

사람들 가슴 따스워지고
얼음장 밑 모든 일이
서둘러 다 살아나겠다

산을 오르다

계곡을 오르내리는 버들치처럼
꽝꽝한 제 몸 뚫고 얼굴 내민
물푸레나무의 정다운 새잎처럼
우리들의 시절
그만 못해도
너희들만 훨씬 못해도
아직 살아 있었구나
내 거친 숨소리 내가 듣는다

웃기는 말도 안 되는

나중에
이 세상은
나에게 잘해야 한다

고단했던 청춘
집구석의 가난
집사람과 아이들의
나에 대한 결핍

분노로 가득 차서 시달렸던 인생
속이 타서 말라 비틀어진
내 마음의 밭고랑

이런 말도 안 되는 생각을 문득 하다가

하하하하

기어이 내가 이렇게 되고 말다니,

꽃밭에서

나를 잘 가꾸지 못했구나
내 몸에 내 마음 주는 일
마땅치 않아
모르는 척 그렇게 살았는데
병든 몸 추스리며 꽃밭에 서서
하루 종일 피는 꽃이 부럽습니다

제 2 부

그렇게 살지 않고는 견딜 수 없는

1
운명을 함께 하고야 말 것 같은 것들을 보면
눈물이 난다
늙은 어머니도 그렇다
아내도 그렇다
함께 일 해온 동료도 그렇다
하늘이 그렇게 정해 주었대서 될 일이 아니다
억만 번 도리질해도
그렇게 살지 않고는 견딜 수 없는
운명 아니겠는가
버릴 수 없는 희망의 실뿌리 아니겠는가
외로움도 없이 봄풀이 돋고
사람들 마음 아프게 하는 줄도 모르고
꽃잎이 생겨나고
쫓겨 날 논두렁을 태우고
다시 이 땅으로 거름을 나르는 저 사람들

그렇게 살지 않고는 견딜 수 없어
하는 일 아니겠는가
스스로 만들어 가는 운명 아니겠는가

2
케케묵은 운명을 생각하기 시작한 날로부터
지는 해는 더욱 더 사무쳐와라
그렇게 살지 않고는 견딜 수 없는 그 일을 보며
살 속 깊이 장엄하여라
버얼겋게 끝내 쏟아내는 핏줄기를 보며
뜨는 해 하나까지도 예사롭지 않은 마음이
슬그머니 흘러가고
운명을 함께 하고야 말 것 같은 것들을 보면
내 눈에서 눈물 나와라
사람을 향한 증오의 불길도

한갓 잔물결로 찰랑이어라
뜨고 지는 해마저 이제는
저 홀로 뜨고 지지 않아라

다시 복사꽃 피고

저 언덕배기에 동네 어귀에
물 머금은 땅바닥 위로 꽃망울 맺혀
잊었던 복사꽃 다시 피겠네
상처가 아물기 전에 뿌리를 박고
피고 지는 것이 꽃이었구나
옛사람들 좋은 일 닥치면
하염없이 눈물로만 이어가던 사정이
직통으로 가슴을 꿰뚫어
복사꽃 준비하는
삼월 말일의 쨍쨍한 오전
모진 세상 언저리를 잡고
다만 복사꽃 피어나려 하는데
무너진 가슴들이 어떻게 일어섰는가
종일 새로워 정신 없었다네

침針

막힌 곳을 뚫어 주면 된다네

내 어린 시절
동네의 큰 소가 거품을 물고
일어나지 않게 되었을 때
침 한 방으로
집채만 한 짐승의 다리를 일으켜 세운
저만큼 휘적휘적 걸어오면
얼굴보다 긴 수염이 먼저 보이던
약방 노인에게 들은 말이다

재수가 좋기도 하지
말씀 한 마디를
이렇게 졸졸 따라다니며 살게 되다니
숨도 못 쉬고 구석에 숨어 지켜보다가

거저 얻어 가진
그 어린 날의 맑은 깨달음이라니

흐르는 산 빛을 따라 떠났으니
노인은 이제 내 곁에 없지만
먹구름이 끼어 비가 쏟아지려 할 때마다
나는 어딘가를 향해 자꾸만 묻게 되는 것이다

막힌 곳은 어디였을까
숨겨진 또 다른 길목이었을까
살아갈수록 답답할수록
덧없는 무한천공의 삶의 한 모서리에
눈 한 번 깜박이지 않고
모질게 침 한 방 찌르고 싶은 생각이
호주머니 속 손끝을

근질근질하게 만들고 마는 것이다

집

 가을 내내 형진이는 흙벽돌 6천장을 찍고 있다고 합니다 내 손으로 내 집 한번 세워 보겠노라고 봄부터 산자락을 오르내리며 기둥을 구해오고 서까래를 다듬느라 으르릉 대는 것을 보긴 했지만 심심산천 마흔의 가을이 깊어지도록 사내 홀로 흙벽돌을 찍고 있을 줄 내변산 어느 귀신인들 상상이나 했겠습니까 가난한 농사꾼이니 별 뾰족한 수가 없었으리 생각타가도 혀를 차지 않을 수 없는 일입니다 하지만 흙벽돌 6천장을 찍어 가는 일이 한심한 인간이어서만 되는 일은 아닌 듯 싶어 '절간에서 6만 번 꿇어 엎드리는 것보다 네 흙벽돌 6천장이 훨씬 낫겠다' 넌지시 말해주고 떠나왔습니다만 형진이의 버얼건 흙벽돌은 어느새 아파트 내 머리맡까지 따라와 틈만 생기면 주춧돌을 놓고 기둥을 세워 단정한 집 한 칸을 이룩하고야 마는 것입니다. 고개를 흔들어 지우면 또 세우고 다시 세우고 노곤한 내 몸을 햇빛 쏟아지는 마루 위에 자꾸 눕혀 놓습니다. 형진이의 집은 여러 채입니다 다시 해가 집니다

큰 누님 돌아온 첫날밤

 시집 간 큰 누님이 우리집 대문으로 들어선 날은 어머니와 세 자매가 나란히 누운 건너 방이 야단법석입니다 방바닥을 구르는 자지러지던 웃음소리가 담장을 넘어섰던 것이지요 큰방의 아버지는 돌아누우며 짐짓 호령을 날려보지만 한 번 불이 붙은 웃음소리야 솜이불 속으로 숨어들었다가 고개를 다시 내밀면 그만입니다 초저녁 웃음소리가 차차 잦아들면서 깊은 밤 도란거리는 소리가 뒤를 잇습니다 떨어져 지낸 날들에 일어난 이야기들이 끝도 없이 펼쳐집니다 과음으로 설사병 도진 아버지가 바지를 미처 못 내린 일까지도 말입니다 이때 킥하고 터지는 소리를 내는 사람은 제일 나이 어린 셋째 누님이 분명합니다 달이 기울고 별이 더욱 초롱해지는 새벽녘은 이야기 마다마다 한숨이 섞이면서 왔습니다 우리가 알고 지내는 온갖 사람들의 흉허물이 도마 위에 오르고 그 집의 걱정거리를 소곤대는 것으로 끝이 납니다 목소리들이 더욱 낮아지고 은근해지는 것은 우리 집 걱정거리로 넘어갔기 때문인 것인데

이때 동네 먼 집으로부터 우리 집 쪽으로 닭이 울어옵니다
큰누님 돌아온 첫날밤은 이렇듯 걱정스럽게 내 곁으로 소
근소근 깨어납니다

늙은 부부

 밥술이나 뜬다 싶으면 남녀노소 할 것 없이 운동하느라 정신들이 없는데도 별로 중요한 일도 없는 영감쟁이가 화장실 가는 일을 빼고 나면 도대체 움직일 생각이 없다 종당에 자식들 귀찮게 하다가 가실 거냐고 기미생 용태씨 귀에 대고 한나절 경을 읽어댄 무오생 연상의 송열씨는 끄으응하고 일어서는 그 양반과 함께 아파트 한 바퀴 돌기에 나섰다 이곳 빌딩 숲에도 어김없이 가을은 찾아와 바람은 어느덧 쓸쓸하고 햇빛이 뙤약뙤약 쏟아지고 있다 팔순의 여인 송열씨는 흩어져 버린 세월을 따라 든든하기도 하고 허전하기도 한 자식들 생각에 흠씬 빠져들고 있었는데 앞서 걷던 그 양반의 주저앉는 모습이 얼핏 비친다 손바닥에 피가 몇 방울 맺힌 것을 빼고는 다행히 별 일은 없다 '남 부끄러우니 어서 일어나서요.' 내미는 손을 매몰차게 걷어치우는 용태씨의 눈빛이 스스로 험하다 영영 일어나지 않고 떼를 부릴 것 같던 그 양반이 문득 일어서서 가버린다 '망할 놈의 여자가 자꾸 걷자고 하더니!' 비로

소 한 소리 친다 '같이 가면서 또박또박 걸으면 괜찮을 텐데 서둘러 발을 질질 끌으니 넘어지지요.' 눈치껏 응수하며 뒤따르는 송열씨의 입가에 배시시 웃음이 맺힌다 열여덟 꽃 같은 할머니의 웃음이다 가을 햇살은 아파트에서도 여전히 장엄하다

너무나 인간적인

아름다운 꼬리가 자랑인지라
푸른 하늘조차 꼬리의 힘으로 날아오르던
원주민 나라의 어떤 새들은
숙녀들의 모자에 깃털을 꽂아 멋을 부리는
너무나 인간적인 내지인의
화려한 문화의 시대를 만나
온 몸에 총을 맞고 꼬리마저 뽑히고 말았습니다
다시는 이 세상으로 내어보낼
울음소리도 없게 되었습니다

숭어 한 마리

열 살 무렵 십리 길 심부름에서
얻어 감춘 숭어 한 마리 있다
바닷물이 거품을 물고 수문을 빠져나가는
저수지의 한 중심
염전 일꾼들의 좁혀오는 그물망을 뚫고
허리를 휘어 허공으로 몸 날리던
숭어 한 마리
아스라한 수직의 높이에서
순간의 호흡으로 빛나다가
그물망 너머 물결 속으로 사라져 갔다
물결 속으로 사라지는 숭어를 보며
나는 다리를 후들거렸다
여시구렁 어두운 산길이 무서워
후들거리던 때와는 달랐다
무섬증과는 전혀 다른 후들거림을
온 몸에 품게 한 숭어 한 마리

내 가슴엔 아직도
뙤약볕 아래 물결 속으로 사라지던
그 후들거림이 산다

길

산중에 들어와 누운 지 몇 날 안 되어
큰 눈이 내리고
길이란 길은 모두 끊어졌다
쏟아 붓던 눈발이 그쳐가는 아침쯤이나 해서
사람들은 곰처럼 어슬렁거리며
사립문이나 열어볼거나
제집 앞 덮인 눈만 좀 건드려보다가
밤새 참았던 오줌이나 싸놓고
굴 속 같은 방에 들어가 누워버렸는데
아침 한 술 떠 넣는 사이
집 앞과 집 앞이 이어지더니
동네 길 환히 열려
큰길까지 벌써 닿아 있다
어린것들 진즉 길바닥에 내닫고 있다
터무니없는 순간에 다시 사람을 믿는다

흑백사진

묵은 서랍장이나 책갈피를 열고
우리들 기억의 저편으로부터 걸어나오는
흑백사진은 늘 외롭다
출장 나온 사진사는 마당에 허리를 굽히고 서서
해보다 밝은 빛을 한꺼번에 터뜨리며
사진 한 장을 세상에 떨어뜨렸을 터이다
그들은 이미 세상을 떠났거나 떠나가야 할 것이므로
서랍이나 책갈피에 끼이고 만 흑백사진의 여백은
끝내 다다르지 못할 것 같은 푸른 하늘인 셈이다
삶의 무게가 힘겨워질 나이에
어떻게 살아야 된다고 말하지 않고
한 세대를 넘어 우리 앞에 펼쳐질 뿐이다
흑백사진의 얼굴은 어린아이들도 삼엄하다
스스로 걸어 들어가야 할
먼지보다 가벼운 세상의 언저리가
사뭇 두려운 것이다

나비의 사상

우리가 누군가의 곁에서 지낸다 해서
함께 살아가고 있는 것은 아니다
봄날이 도란도란 피어날 적에
날아와 춤추던 나비는
꽃잎에 입 맞추고는 어딘가를 향해 떠나버린다

제주에서 노닐던 왕 나비라는 놈은
멀고 먼 대양을 가로질러
멕시코의 어느 숲까지 날아드는 것이
한 생애다
거기에 이르러 아름다움을 뽐내는 놈은
손자의 손자쯤 되는 셈이니
제 생애에 꿈을 이루는 나비는 없다

갈매기의 부리와 폭풍우 앞에서
나비는 쓰러지며 알을 낳는다

살도 피도 없는 날개를 파닥이며
목숨을 걸고 날아간다
머나먼 기다림을
떼를 지어 자욱이 덮는다
이것은 바로
가야 할 곳을 향해 떠나버리는
나비의 사상이다

옛집에 눕다

잡담의 세월을 만나
사람 떠난 빈방에 불을 지피고
옛집에 눕다
나가 살아야 되는 줄로만 알았던
스무 살 이후의 청춘을 데리고 돌아와
사십으로 눕다
빈집의 빈방 시린 구들장에
한 사내를 마음껏 눕힌 한 시대여
흐린 시야를 삼키며
또 어느 불빛 환한 거리에
발을 붙여야 하나
우리 무지몽매하게 순결하였을 때처럼
눈은 펑펑 쏟아지는데
오늘을 숨죽이며
도란거리던 이야기 소리 끊어진
빈방에 불을 지핀다

붉은 마음

가을이 왔다
오래 함께 살다가 갈라선 사람들처럼
모르는 척 돌아서고 싶었다
꽃잎처럼 금남로에 그런 노래를 묻어버린
비엔날레가 어쩌고
광주를 펄럭이게 하고 있을 때였다
산기슭을 기어오르며
타오르는 나뭇잎을 보고 말았다
온전한 붉은 마음이었다
광주가 낳은 아이들이 턱수염을 비비며
사십 언저리를 거닐고 있다는 걸 알았다
제 피로 제 몸 지키는 사랑을 저만큼 두고
광주보다 더 늙은 것 같은 나이가 되어
이 가을에 안아보는 붉은 마음
단풍 잎 하나

고갯길

깎을 곳 깎아내고 돋울 곳 돋아
무슨 치 무슨 봉 무슨 무슨 재
이름만 남고 사라지고 없다

보따리를 이고 지고 주저앉아
구슬땀 닦으며 숨 돌리던
그 고갯길 이제는 없다
배고파도 달려가고 싶은
어설픈 희망도 없다

고갯길 없는 세상을 걸으며
마음 바꾸어라 무릎 꿇어라
속삭이는 또 다른 고갯길을 만나
묻는다 구슬땀 아닌
식은땀 흘리며 묻는다
우리는 무엇으로 사는가

우리는 무엇으로 사는가

딸들아

어머니의 메마른 강기슭을 건너
눈물처럼 번져간
누님의 봉숭아 꽃밭을 지나
여자답지 못하구나
여선생님 앞에 고개를 떨군
아이들의 교실 아프게 떠나오면
아, 어영부영 이 땅의 여자도 모르고
아내와 함께 살아가는 동안
우리 가슴에 안겨버린 쌍둥이 두 딸
아버지의 목소리로
불현듯 속삭이고 싶다
딸들아 씩씩하거라
오래 오래 시퍼렇게 살아 씩씩하거라

흰머리

세월이 저 홀로 백발을 만드는 것은 아닙니다
바람이 불 때마다 가슴팍 언저리에서
서늘하게 나부낍니다
그 그리움에 피어나던 상처
그 분노에 피어나던 상처 그 희망에 피어나던 상처
그 자유와 사랑의 속살에 피어나던 상처가
바람이 불 때마다 집단으로 나부낍니다
도심의 한복판에서 나부낍니다
해직교사 흰머리

모든 것

교통사고 뒤의 차안은
내 정신만큼이나 뒤죽박죽이다

정신을 차려 기웃거려보니
전교조 관련 서류와
시가 섞여 있는 공책에 책 몇 권이 전부다

정말 그날
내가 멀리 떠나버렸다면
전교조 나부랭이 하면서
시를 쓰던 선생이 죽었군
사람들은 지나가며 중얼거렸겠다

전교조와 시 쓰는 일이
나의 전부였을까
고작 요만한 일이

그렇게 무거웠을까

고작 두 가지 일이?

얼마나 작은 것들이 모여 오늘을 이루었는지요

지회 사무실로 생각을 옮기면 한심해서 웃을 일이 한 두 가지가 아닙니다 지회장 이라고 하는 선생은 아무도 몰래 위장약을 털어 넣고도 술자리를 떠나지 못해 이런저런 이야기를 날이 새도록 듣고 있고요 사무국장 정모 선생은 온갖 사람 온갖 물건 속에 파묻혀 혼이 빠져 있다가도 모여서 밥 먹고 있는 자리라면 그저 입이 쩍 벌어져서 요런 일이 제일 좋아 좋아! 하고 있고요 합법화 기념행사에 내빈 모시는 일 맡은 송모 선생은 시간이 사흘 밖에 안 남은 것도 모르고 어른들을 찾아 뵈야지 어떻게 전화로 연락 하냐고 어림도 없는 말씀을 하고 있고요 연대사업만 팔구 년 한 김모 선생은 학생관도 분명하지 않은 요것들이 학교안의 일로만 도망간다고 이놈 저놈 미워하다가 스스로 먼저 돌아와 술 한 잔 하고 있고요 사람 아끼는 시 한 편도 못 쓴 주제에 김 모 교사는 축시를 읽는다고 앉아 있고요 전교협 때부터 터를 닦아 온 전모 교사는 복직하면서 공부하러 교원대학에 갔다가 교사대회 버스 간에서 술이

취해 너털웃음으로 웃고 있고요 내가 보기엔 울고 있고요 서로 옳아서 갈등 많던 때 혼자 아팠던 한 모 교사는 처자식만 세상의 벌판에 남겨 둔 채 저 홀로 떠나갔고요 교실에서 감옥으로 잡혀갔던 박 모 교사는 저 쫓아낸 학교 연합 분회 창립식 날 눈물 글썽이다가 출근하느라 근무지로 서둘러 떠나가고 있고요 학교 안에 남아 좋은 세상 기다리며 할 말 삼키며 울다가 웃다가 살다가 끝내 교단을 지켜 낸 선생들 이제 눈물겹지 않게 다시 만나고 있고요 엄청나게 만나고 있고요

  그 보잘 것 없는 것들이 모이고 모이더니 이제 강을 이루었대요
    우리 어떤 총칼에도 굴하지 않고**
    우리 어떤 안락에도 굴하지 않고
    그런 노래 부르며
    불법의 청춘을 넘어서 희끗희끗 우뚝 섰대요

철철 흘러 넘치는 강을 이루었대요
그 보잘 것 없는 것들이 총칼보다 안락이 더 무서운 줄 다 알았었대요
안락보다 아이들이 더 귀한 줄 다 알았었대요
이 강의 흐름은 도대체 시작인가요 끝인가요

---

* 전교조 합법화를 이룬 기념식 때 읽은 시.

** 김진경의 시를 노래로 부른 노랫말에서 따옴.

그대 있음에

일부러 달려와서 인사를 하고
앞질러 걸어가는 저놈 좀 보아
약을 발라 앞머리를 칼날같이 세우는 통에
수업시간마다 실갱이를 벌이는
내가 가르치는 중학생 좀 보아
뒤에서 저를 바라보고 있는 줄 다 알고서
깡패같이 어깨를 세우고
한참 큰 이웃학교 형들 흉내도 내면서 가네
그대가 바라보고 있는 동안
나는 이렇게 저렇게 쑥쑥 크거든
건들건들 그렇게 가네
그래, 네가 있어서 내가 있겠다
막걸리 한 잔 생각나는 퇴근길
털이 덜 빠져 엉성한 중병아리 한 마리가
오고가는 마음의 길을 진즉 알아서
하루 무너진 제 선생의 가슴을

얼핏얼핏 막아주며 가네

매미의 자율학습

여산 중학교 일 학년 일반
아침 자율학습시간
떠드는 사람 적어 오랬더니

김진남, 오광식, 박일남,
유리창 옆 목련나무네집 매미

공책 찢은 쪽지가
아이들 편에
교무실로 날아왔습니다

저기 저기 노을 좀 봐요

집으로 돌아오는 길의 노을 좀 봐요
가슴만 물들어 가는 하루입니다
시속 100Km를 오르내리며 달려간 출근길이
서산에 뉘엿뉘엿
이렇게 헐떡이며 저물고 있는 것이지요
아침 조회시간에 얼굴을 돌리던 그 애하고는
넌지시 어깨 한 번 만져주는
청소시간 장난도 빼먹고 말았습니다
무엇이 그리 바빴었는지
수업시간 내내 모의고사 시험 범위만
바짓가랭이를 잡고 따라다니고
아침 자율학습에서 야간 학습으로
수십 년을 끝맺는
우리들 중학생의 안쓰러운 어깨너머에선
하루종일 알았냐와
예 하는 대답소리만 울려 퍼집니다

꼭 슬픈 영화 속의 대사를 듣고 있는 것만 같습니다
아이들이나 선생을
저희들 손발쯤으로나 생각하는 공문을 받고
울화통 터지는 일들을 처리해서 보내버리고
비슷한 내용의 공문을 또 다시 받는
출근길만큼이나 소름끼치는 속도 앞에서
우리는 정녕 늙고야 말겠지요
저물어 가는 담배 한 대를 문 쉴 참이면
내년쯤 바꿔야 할 자동차가 미리 덜컹거립니다
싸움질도 아닌
도둑질만 해대는 아이들도 눈앞에 밟혀옵니다
오기 싫은 학교에 오지 않으려면
돈 밖에 필요한 것이 없다는 것을
내 자동차처럼 미리 알아버린 것 같습니다
저기 저기 집으로 돌아오는 길의
가슴 멍드는 노을 좀 봐요

나무
– 한은수 선생님과 그 동지들을 위하여

외로운 벌판에
나무 한 그루 짱짱하게 심을 때부터
아는 사람들은 모두 알고 있었다

빛나지 않은 그 나무 우렁차게 자라
땀구멍 구멍마다
새 순을 뻗어내고
하늘로 땅으로 사람의 마을로
소문도 없이 가지를 뽑아내고

쏟아지는 햇볕 아래서
맨몸으로 정말 맨몸으로
흡족한 그늘까지 거느리게 되리라는 것을

잘 늙노라면
주름살도 삶이 된다는데

스스로 빛나지 않은 그 나무
상처를 굳은살로 채운 채
어찌 삶이 되어 서지 않았으리

삶이 된 나무는 아름다워라
우리가 그늘 아래 누워 숨 쉴 때
그동안 보아온 모든 일은 헛것이 되고
참다운 젊음마저
비로소 좋은 냄새를 풍기기 시작하여라
기어이 아름다운 청춘이어라

그 사람 있습니다
― 이광웅 선생님을 그리워하면서

정다운 물소리 저벅저벅 따라가면
그 사람 있습니다.
사랑은 사랑같이
분노는 분노같이
가지런히 챙겨 넣어 둔 보퉁이를 들고서
내 옷을 누가 가져갔냐고
낭낭한 노래 부르며
맑은 소년이 작은 나무같이 서 있습니다.
군산 째보 선창 막걸리 집에서는
이 사람 부안 사는데 참 좋아
이 사람 이리 사는데 참 좋아
늦은 시간 우리를 기다리며
광웅이 형님이 서 있습니다.
끌려가던 소나무마다 교무실마다
4월도 안 가르치는 선생들이 정신 차려야 한다고
서릿발로 서릿발로 그 사람이 서 있습니다.

반 쪼가리 문학의 반 쪼가리 역사의 헛됨
견딜 수 없다
뒤틀린 몸으로 서 있습니다.
왜 사람의 마음이 별이 못 되냐고 서 있습니다.
이 땅의 모든 누님들을 바라보며 서 있습니다.
사랑을 하려거든 목숨 바치라고
그 사람 안 쫓겨나는 학교에 서 있습니다

마을에서 살고 싶었다

이집 걱정 저집 걱정
환히 알아채며
울타리 너머로 늙어가고 싶었지만
그걸 내내 못해내며 살았다

싯줄이라도 쓴다는 자가
나 혼자 먹고 살다가 죽고 말
도회지의 살림살이 하날 못 떨구고
여기까지 흘러왔는데

대통령을 지낸 사람은
짐 보따리를 싸자마자 마을로 돌아와버렸다
옛날이야기처럼 집을 짓고 살았다

오리농사 지을 때
오리네 집 문은 아침에 누가 열어줄 거냐고

동네사람들과 옥신각신하며 살았다

좀 오래 살 것이지 우리 곁을 금방 떠나버렸다
마을에서 사는 일을 우습게 아는
세상과 사람들이 그를 일찌감치 죽게 했다
원망하지 말라며 죽였다
원망하지 말라며 죽었다

가신 양반의 말씀처럼
삶과 죽음은 같은 조각이라서
사람은 떠나고 사람들은 남아
길을 걸을 때마다 제 설움으로 물결 되어 운다

그를 죽인 세상과 함께 숨 쉬며 살며
철렁
모르던 일들을 깨닫게 한다

돌아가야 할 마을은 아직도 저만치에 있는데

— 발문 —

내 거친 숨소리 내가 듣는다

정양鄭洋 (시인)

흑백사진 같은 포장마차 시절

옛날에는 '노프메'라 불리던 산길 날망 어간이었지만 지금은 제법 번잡해진 익산시 마동 동부시장 로터리, 그 모퉁이 전원아파트로 가는 사잇길 입구 빈터에 간판도 없는 포장마차가 한 채 있었다. 명색만 포장마차일 뿐 차도 말도 없는 엉성한 철골 구조 위에 짙은 청바지 색깔의 포장만 대충 둘러놓은 그 포장마차에서 나는 김영춘, 정영길, 안도현, 심호택, 엄택수, 박경원 등과 만나곤 했다. 딱히 무슨 일이 있었던 게 아니고 그들이나 내가 그 포장마차에서 그리 멀지 않은 데서들 살았기 때문이다. 그 포장마차에 박경원은 어쩌다 한 번씩, 심호택, 정영길, 엄택수는 가끔씩, 그리고 나와 김영춘, 안도현은 비교적 자주 드나들었다. 우리는 그 포장마차에 출몰하는 걸 기준 삼아 서로 어찌술, 가끔술, 자주술, 노상술 등으로 부르기도 했다. 90년대 중반 전교조 해직교사인 김영춘이 전교조 일에 매달려 지낼 때였다.

안주는 뭘로 드실 거냐고 물을 때마다 맛있고, 값싸고, 배 안 부른 걸로 아무거나 달라고 번번이 말하곤 했지만 주인 아줌마는 우리가 들어서면 번번이 안주를 물었고 그리고는 더 묻지도 않고 번번이 짝짝 찢은 마른 명태를 내놓았다. 안도현이 있을 때는 땅콩 한 접시가 추가되었다. 술 마실 때 꼭 땅콩을 찾는 안도현에 대한 배려다. 맥주 마시고 소변이 잦은 건 쉽게 이해되지만 소주를 마셔도 소변이 잦아지는 이유를 잘 모르는 채 화장실이 따로 없던 그 포장마차에서 우리는 맥주 때문이든, 소주 때문이든 포장을 걷고 밖으로 나올 때가 잦았다.

포장마차에서 전원아파트까지 한 백 미터쯤 되는 길가에는 중학생들 키만 한 히말라야 시다가 한 줄로 죽 심어져 있었는데 대부분 땅몸살을 앓는지 가지도 성글고 초라했지만 포장마차 옆에 있는 나무들은 유난히 백두급 씨름선수들처럼 가지도 무성하고 몸통도 굵고 키도 엄청 커서 다른 나무들과 함께 심은 것 같지 않아 보였다. 그게 포장마차 취객들의 오줌 탓이라는 걸 그 근처의 술꾼이 아닌 사람들은 아마도 거의 몰랐을 것이다.

포장마차 바로 옆에 있는 게 제일 무성하고 두 번째 세 번째 차례로 그 무성함이나 키나 몸통이 줄어들다가 네 번째부터는 몸살 앓는 애당초 모습 그대로를 유지한 채 한 줄로 죽 늘어서 있다. 대부분의 취객들은 포장마차 바로 옆에 있는 나무 밑에 오줌을 누고 거기가 붐비면 그 다음 나무 밑으로 다가가곤 했는데 김영춘은 포장마차 바로 옆에 있는 나무 밑에 누가 없을 때도 그보다 한참이나 저쪽에 있는 다섯 번째나 여섯 번째 나무까지 다녀온다. 취중에도 그것들이 안쓰럽기 때문이라고 했다.

그 무렵 우리는 '질투는 나의 힘', '질투는 우리의 경전' 등등의 말을 농담 삼아 가끔씩 주고받았는데, 안도현이 있을 때만 나오는 땅콩 접시나 김영춘이 오줌 싸러 다녀오는 나무들에게도 여지없이 그 질투의 화살이 꽂히곤 했다. 그 화살에 묻은 말들이 편애는 죄악이라고까지 비화되기도 했지만, 그러나 그 질투의 화살들은 약발이 영 먹히질 않았다. 땅콩 접시는 여전히 안도현이 있을 때만 나왔고 김영춘이 오줌 싸러 다녀오는 나무들은 여전히 비실비실했다. 20년 이쪽저쪽의 일이라 지금쯤 그 히말라야 시다들은 모두 우람하게 자랐거나 너무 우람해져서 수종이

바뀌었을지도 모르겠다. 그리고 그 포장마차도 없어졌을 가능성이 매우 높다.

 김영춘의 새 시집 초고를 읽으면서 그 포장마차가 자꾸 생각나는 것은 당시 전교조 일에 매달려 고군분투하던 해직교사 김영춘의 모습이 새 시집의 초고 여기저기에 흑백사진처럼 인화되어 있기 때문일 것이다. 해직교사가 양산되던 그 험한 시절에 다달이 꼬박꼬박 월급을 받으며 살았던 나는 당시 해직당할 기회가 없었던 것을 다행으로 여기지는 않았지만 주변의 해직교사들에게 몹시 부끄러웠고 한편으로는 그들의 용단이 철없이 부럽기도 했다.

 처음 교직에 들어서면서 나는 딱 3년만 교사 생활을 하고난 뒤에 어디 든 틀어박혀 공부를 더 해야지 하고 속으로 작정을 했지만 그걸 결행하지 못한 채 세월만 지나갔다. 70년대 초 10월 유신 때도 앞으로 시라는 걸 쓰지 말아야지 하고 속으로 작정을 했지만 절필 7년이 못 되어 그 작정도 무너졌다. 담배 끊기도 여러 차례 속으로 작정을 했지만 번번이 실패했다. 그렇게 혼자 속으로 작정하는 게 스스로 못 미더워서 사람들은 공개적으로 이른바 선언이라는 걸 하는 것 같다. 금연선언, 절필선언, 독신선언, 절교선언, 은퇴선언, 파혼선언 등등이 그런 것들일 텐데, 혼자 속으로 작정을 하든 공개적으로 선언을 하든 그런 것들이 잘 지켜지지 않는 일이 세상에는 허다하다. '앞으로 바둑을 두면 성을 갈겠다.'고 글을 썼던 이동주 시인도 그 얼마 후 태연히 바둑을 두시곤 했다.

특별한 경우도 있겠지만 그 선언이나 작정들은 대부분 절망과 희망의 비빔밥이기 때문에 그것들이 잘 지켜지지 않을 것이다. 내가 알기로는 김영춘은 절대로 선언 같은 걸 하지 않을 사람이다. 그는 혼자 맘속으로 작정만 하면 그걸로 끝이다. 다정다감하면서 얼핏 섬약해 보이는 김영춘은 강직하고 단호하고 질기고 당찬 지사적 준엄함을 늘 맘속 깊은 곳에 품고 산다. 그에게는 아직도 80년대적 순결성이 원형 그대로 남아 있다. 그가 20년 가까이 문단에 시를 발표하지 않는 것도 그 준엄함이나 순결함과 무관하지 않을 것이다.

김영춘은 시를 안 써도 시인이다

사람들 사는 세상에는 그게 무슨 모임이든 하는 짓들이 모자라거나 넘쳐서 사람들 입줄에 오르내리는 개차반들이 있기 마련이다. 문단도 물론 예외가 아니다. 지난 봄 전주의 어느 술자리에서 문단의 그 개차반들이 줄줄이 안

줏감이 되었고 그 안줏감들은 하필 시인이 대부분이었는데 누군가가 느닷없이 영춘이 형은 요새 어떻게 지내냐고 나에게 물어왔다.

개차반들 얘기를 다투어 늘어놓는 중에 왜 뜬금없이 김영춘의 안부가 궁금한 것인지 싶어 내가 잠시 뜨악하니 그를 바라보고 있는 중인데 안도현이 끼어들어 영춘이 형은 시를 안 써도 진짜 시인이라고 단호하게 말했고 그 말에 여기저기서 고개들을 끄덕였다. 나도 물론 고개를 끄덕였는데 안도현의 말에 대해서만이 아니라 개차반들 얘기 중에 김영춘의 안부를 묻던 그 후배문인의 속마음, 개차반 얘기로 가뜩이나 혼탁해진 술자리에 산소를 공급하고 싶은 그 속이 얼른 짚여서다.

안도현의 말처럼 김영춘은 시를 안 써도 시인이다. 그의 삶 자체가 시처럼 간결하고 깔끔하다. 시를 안 써도 시인이라고 내로라하는 여러 글쟁이들이 곧바로 인정하는 그 김영춘이 이참에 새 시집을 내겠노라며 초고를 보내와서 나는 그 시들을 거의 단숨에 읽었다. 앞서 말했듯이 90년대의 그 포장마차 시절이 연상되는 시가 많았다. 김영춘의 말에 의하면 그 무렵에 썼던 시들을 정리해 버리려고 시집을 엮는다고 했다. 개구리가 뛰기 전에 움츠리듯이 시인들도 묵은 시를 일단 정리해 버려야 다음 글들이 시작될 것 같은 때가 꼭 있다. 과작의 김영춘에게 지금 시인으로서의 그런 마디가 절실하게 다가온 것 같다. 최근에 쓴 작품들이 보이지 않아서 내심 섭섭했지만 이 땅을 휩쓸던 80년대적 열정이 화석화되어 있거나 변형되는 모습들도 그런대로 의미 있는 작업이지 싶다.

김영춘의 시들 중에서 나에게 두세 번 더 읽게 만드는 시가 몇 편 있는데 그중 하나가 「숭어 한 마리」였다.

> 열 살 무렵 십리 길 심부름에서
> 얼어 감춘 숭어 한 마리 있다
> 바닷물이 거품을 물고 수문을 빠져나가는
> 저수지의 한 중심
> 염전 일꾼들의 좁혀오는 그물망을 뚫고
> 허리를 휘어 허공으로 몸 날리던
> 숭어 한 마리
> 아스라한 수직의 높이에서
> 순간의 호흡으로 빛나다가
> 그물망 너머 물결 속으로 사라져 갔다
> 물결 속으로 사라지는 숭어를 보며
> 나는 다리를 후들거렸다

여시구렁 어두운 산길이 무서워

후들거리던 때와는 달랐다

무섬증과는 전혀 다른 후들거림을

온 몸에 품게 한 숭어 한 마리

내 가슴엔 아직도

뙤약볕 아래 물결 속으로 사라지던

그 후들거림이 산다

─「숭어 한 마리」

염전에서 일꾼들의 좁혀오는 그물망, 그 경계를 뛰어넘어 물결 속으로 사라지는 숭어 한 마리가 온 몸을 후들거리게 하는 전율로 화자의 가슴 속에 자리잡는다. 그 후들거림은 '여시구렁 어두운 산길이 무서워 / 다리가 후들거리던' 것과 비슷한 후들거림이지만 '뙤약볕 아래 물결 속으로 사라지던' 그 숭어는 화자의 소년적 무섬증의 경계를 과감히 뛰어넘어 다가올 미래를 예감하게 하는 역동적 상관물이다.

숭어는 물결 속으로 사라졌지만 다가올 미래와 그 고난에 맞서려는 후들거림은 아직도 가슴에 남아 있다. 그렇게 심장에 인화된 그 순간적 영상 같은 걸 우리는 흔히 밑그림이라고도 하거니와 이 시는 민주와 자주와 정의와 평

등이 풍문으로만 떠도는 시대적 절망에 맞서 온몸으로 후들거리며 청춘을 불태우던 시인 김영춘의 성장시적 밑그림에 다름 아니다.

역사는 과연 진실의 함정인가

잡담의 세월을 만나
사람 떠난 빈방에 불을 지피고
옛집에 눕다
나가 살아야 되는 줄로만 알았던
스무 살 이후의 청춘을 데리고 돌아와
사십으로 눕다
빈집의 빈방 시린 구들장에
한 사내를 마음껏 눕힌 한 시대여
흐린 시야를 삼키며
또 어느 불빛 환한 거리에
발을 붙여야 하나
우리 무지몽매하게 순결하였을 때처럼
눈은 펑펑 쏟아지는데
오늘을 숨죽이며

도란거리던 이야기 소리 끊어진

빈방에 불을 지핀다

— 「옛집에 눕다」

 이런 순결한 절망의 기록들을 만날 때 나는 더러 우리의 역사에 관한 의문을 되씹는다. 우리에게 역사라는 말은 그 자체로 별로 달갑지 않게 다가오는 경우가 많다. 역사라는 말은 언제부터인가 왜곡과 날조와 은폐와 억지가 득실거리는 진실의 함정쯤으로 여기는 것을 상식으로 여겨도 무방할 만큼 그 말 자체에 대한 오염이 심각한 상태이기도 하다. 왜곡과 날조와 은폐와 억지가 맘 놓고 득실거리는 역사 소설이나 그 비슷한 드라마들도 그 오염에 맘 놓고 덧칠을 한다.

 역사를 하느님의 작품이라고 말하는 이도 있고 악마의 작품이라고 말하는 이도 있다. 하느님의 작품이라고 하는 이는 어쩌면 역사의 객관정신에 대한 체념을 전제로 삼은 결론일 테고 반대로 악마의 작품이라고 하는 이는 역사의 객관정신을 끝까지 포기하지 못하는 집념의 결과일지도 모른다.

 일터에서 쫓겨났으면서도 가족에게 그 사실을 숨긴 채 평상시처럼 일터에 나가는 시늉으로 집을 나서는 가장들이 있었다. 그 시절 그 비슷한 해직교사들도 많았다. 어느 때는 갈 데가 많아 바쁘던 사람도 그 지경이 되면 거짓말처럼 갈 데도 가고 싶은 데도 없기 마련이다. 장담할 수 있는 일은 아니지만 이 시의 화자도 지금 그 비슷한 상황에 처해 있는 것만 같다. 찾아갈 '옛집'이 있는 것은 그나마 다행이다.

'잡담'은 긴하지 않은, 그래서 귀에 담기지 않는 쓰잘 데 없는 소리다. 이 시에서 화자가 만난 '잡담의 세월'은 話頭를 잃어버린 절망적인 시대를 일컫는 것일 게다.

　사람 떠난 빈방에 불을 지피고
　옛집에 눕다

화자의 가고 싶은 데는 옛집이 아니라 혼자 맘 놓고 누워 있어도 좋은 빈방이다. 빈방을 찾다보니 만만한 게 사람들 떠난 옛집이었을 뿐이다. 옛집은 말 그대로 옛날에 사람들이 살던 집이다. 이 시의 옛집은 어쩌면 화자의 고향집일지도 모른다. 그러나 그걸 고향집으로 쓴다면 이 시의 서술이 엉뚱한 데로 흐를 확률이 높다. 그 관행적 고향 컴플렉스를 헤아릴 만큼 화자는 지금 한가하지 않다. 이 시의 '옛집'이란 말은 이렇듯 '빈방'만을 표적으로 삼는

이 시의 시적 긴장을 돕는다.

　나가 살아야 되는 줄로만 알았던
　스무 살 이후의 청춘을 데리고 돌아와
　사십으로 눕다

이십 년 세월이 비정하도록 간결하게 석 줄로 요약되어 있다. 스무 살도 물론 청춘이지만 돌아보면 마흔 살도 청춘이다. 그 청춘의 곁에 절망이 몸을 부리고 눕는다. '눕다'는 쉬다, 잠들다, 쓰러지다, 병들다, 죽다 등등의 의미 망들이 연결되어 있어서 이 시를 읽는 이들의 숨결을 한결 가쁘게 한다.

　빈집의 빈방 시린 구들장에
　한 사내를 마음껏 눕힌 한 시대여

한 사내를 마음껏 눕힌 한 시대가 빈집의 빈방 시린 구들장 위에 담뇨 대신 절망을 깔고 한 사내와 함께 누워 있다. '마음껏 눕힌'의 '마음껏'은 사납게, 모질게, 참혹하게, 잔인하게, 함부로 등으로 고쳐 읽을 수도 있는 말이고 '눕힌' 앞에는 '때려' 같은 말이 빠져 있다고 보아도 무방

하다. 앞에서 쓰인 '눕다'는 자동사지만 '눕힌'은 가해자와 피해자가 구분되어야 마땅한 타동사다. 그러나 한 사내를 참혹하게 때려 눕힌 한 시대와 한 시대를 모질게 살아온 한 사내는 사실은 시린 구들장 위에서 한 몸이다. 그 사내는 곧 절망이라는 이름의 그 시대다.

　흐린 시야를 삼키며
　또 어느 불빛 환한 거리에
　발을 붙여야 하나
　우리 무지몽매하게 순결하였을 때처럼
　눈은 펑펑 쏟아지는데

　흐린 시야를 삼키며 눈이 쏟아진다. 무지몽매하게 순결하던 눈 때문에 시야가 더 흐려진 것일지도 모른다. 시야를 흐리게 하는 현실적 절망이 무지몽매하게 내리는 눈 때문에 상대적으로 강조되는 상황이다.

　오늘을 숨죽이며
　도란거리던 이야기 소리 끊어진
　빈방에 불을 지핀다

'도란거리던 이야기 소리'는 첫 행에서의 '잡담의 세월'이 잃어버린 신화다. 빈방에 아무리 불을 지핀다 해도 잃어버린 신화는 되살아나지 않는다. 그래도 오늘을 숨죽이며 내일을 음모하는 꿈을 포기할 수 없어서 화자는 빈방에 불이라도 지펴보는 것이다. 김영춘을 웬만큼 알고 있는 나에게 이 시는 역사라는 진실의 함정에서 허우적거리는 그 시대의 참교육을 위한 절망적 집념의 기록으로만 읽힌다.

내 거친 숨소리 내가 듣는다

갈 데까지 가버린

절정의 경계에 서지 않고

누구는 시를 쓰고

누구는 또 시를 읽느냐는

시도 안 쓰는 친구의 말을 듣다가

그렇지 않느냐는

술 취한 다그침을 듣다가

화들짝

나는 한 번도 오르지 못한

절정에 올라

기쁨에 몸을 떤다

모든 기쁨의 순간보다

모든 깨우침의 순간보다 먼저

갈 데까지 가버린 숨막힘이

늘 두려운 얼굴로

내 옆에 서 있었던 것이다

―「절정」

李箱이 오늘날까지 우리에게 李箱인 것은 그가 절망적인 시대에 진실로 절망하는 용기를 문학사에 남겼기 때문이다. 미당이 그 화려한 글솜씨에도 불구하고 생전에는 물론 사후에도 부단히 수난을 겪는 이유가 여러 가지겠지만 그 근본은 역사의식의 결핍일 것이다. 갈 데까지 가보지도 않고 그보다 훨씬 못 미치는 곳에서 그걸 외면하며 비껴가려 했던 탓이다. 이 시「절정」의 화자는 시지프스처럼 갈 데까지 가보는 것이 최선이라는 깨달음으로 '화들짝' 몸을 떤다.

모든 기쁨의 순간보다
　모든 깨우침의 순간보다 먼저
　갈 데까지 가버린 숨막힘이
　늘 두려운 얼굴로
　내 옆에 서 있었던 것이다

　절망해야 마땅한 때에 외면하며 비껴가는 것은 비겁한 짓이다. 외면하고 비껴가지는 않더라도 '늘 두려워'하는 것 또한 모자란 짓이다. 이 시의 화자는 지금 그 비겁하거나 모자랐던 자신을 발견한다. '갈 데까지 가버린 숨막힘이' 얼마나 소중한 것인가를 비장하게 깨닫는 순간이다.
　싸르뜨르의 소설 주인공이 공원에서 들려오는 유행가에 화들짝 인생을 깨닫게 되듯이 화자는 시도 안 쓰는 친구의 술주정 때문에 그 시대의 의미에 곧바로 다가선다. '갈 데까지 가버린 절정의 경계에 서'는 것은 흔히 쓰는 말로는 목숨을 거는 것이다. 시도 안 쓰는 친구가 시를 쓰려거든 목숨을 걸고 쓰라고 술주정을 한다. 그리고 그 술주정이 단순한 술주정으로 들리지 않고 '갈 데까지 가버린 숨막힘이 / 늘 두려'웠던 화자의 모자람을 힐책하는 소리로 재생되는 것이다. 그 절망에 맞서는 깨달음의 순간이 곧 이 시의 절정이다.

깎을 곳 깎아내고 돋울 곳 돋아
무슨 치 무슨 봉 무슨 무슨 재
이름만 남고 사라지고 없다

보따리를 이고 지고 주저앉아
구슬땀 닦으며 숨 돌리던
그 고갯길 이제는 없다
배고파도 달려가고 싶은
어설픈 희망도 없다

고갯길 없는 세상을 걸으며
마음 바꾸어라 무릎 꿇어라
속삭이는 또 다른 고갯길을 만나
묻는다 구슬땀 아닌
식은땀 흘리며 묻는다
우리는 무엇으로 사는가
우리는 무엇으로 사는가

- 「고갯길」

'마음 바꾸어라 무릎 꿇어라 / 속삭이는 또 다른 고갯길 만나' 옛날 고갯길에서 흘리던 구슬땀이 아닌 '식은땀을 흘리며' '우리는 무엇으로 사는가'를 스스로에게 거듭 묻는다.

아무리 깎고 돋았어도, 아무리 이름만 남았어도 그 고개들은 여전히 우리 주변에 있는 게 현실이다. 지금은 옛날처럼 걸어서 오르지 않고 차를 타고 수월하게 넘나들 뿐이다. '이름만 남고 사라지고 없다'는 이 시의 진술은 그러므로 엄밀히 말하자면 사실은 아니다. 그것은 '어설픈 희망'조차 없어진 시대적 절망과 그 삶의 고비를 강조하기 위한 시적 허구다.

'우리는 무엇으로 사는가'를 식은땀을 흘리며 거듭 묻는 이유는 실인즉슨 어설픈 희망을 위해서라도 구슬땀을 흘리고 싶기 때문이다. 마음 바꾸라고 무릎 꿇으라고 끊임없이 속삭이는 고갯길을 만날 때마다 마음 바꾸고 무릎 꿇는 절망적 타협보다는 아무리 어설프고 가냘프더라도 그 희망 때문에 우리는 구슬땀을 흘리며 살아야 한다고 시적 허구를 동원해서라도 이 시의 화자는 강조하고 싶은 것이다.

시 해설을 이어오는 동안 절망이라는 말이 너무 자주 쓰인 게 맘에 걸리지만 그건 내 글 버릇이라기보다는 김영춘이 견딘 그 어둡던 시대와 그 무렵에 썼던 시들 탓이다. 그러나 김영춘의 시에 꼭 그런 절망적인 것들만 얼룩져 있지는 않다. 그 절망들 삭아가는 과정이 살뜰하게 담겨 있는 장면도 김영춘은 우리에게 보여 준다.

>일부러 달려와서 인사를 하고
>앞질러 걸어가는 저놈 좀 보아
>약을 발라 앞머리를 칼날같이 세우는 통에
>수업시간마다 실갱이를 벌이는
>내가 가르치는 중학생 좀 보아
>뒤에서 저를 바라보고 있는 줄 다 알고서
>깡패같이 어깨를 세우고
>한참 큰 이웃학교 형들 흉내도 내면서 가네
>그대가 바라보고 있는 동안
>나는 이렇게 저렇게 쑥쑥 크거든
>건들건들 그렇게 가네
>그래, 네가 있어서 내가 있겠다
>막걸리 한 잔 생각나는 퇴근길
>털이 덜 빠져 엉성한 중병아리 한 마리가
>오고가는 마음의 길을 진즉 알아서
>하루 무너진 제 선생의 가슴을
>얼핏얼핏 막아주며 가네
>
>― 「그대 있음에」

눈 덮인 엄동

물새들이 강을 따라

떼를 지어 내려앉았다

천진무구의 눈동자와 부리만으로

뭘 찾을 수 있겠나

쓸데없는 걱정을 해보지만

끼룩 끼룩 꾹 꾹

서로를 부르는 목소리에

환호성이 가득 묻는다

너희가 내려앉을 땅이 있었구나

그곳에 먹이가 있었구나

자꾸 살아서 식구를 이루었구나

작은 가슴으로도

쿵쾅 쿵쾅 피를 돌리고

발끝까지 따뜻한 기운을 보내고 있었구나

물새들의 빠알간 발가락이

얼음장을 헤치며 물질을 한다

- 「살아 있는 날들의 평화」

인용한 두 편의 시가 그 소재는 서로 다르지만 두 작

품 모두 암울한 시대를 건너는 그 통찰이 서늘하면서 따뜻하다.

'털 덜 빠져 엉성한 중병아리' 같은 중학생, '일부러 달려와서 인사를 하고 / 앞질러 걸어가는' 제자, '약을 발라 앞머리를 칼날같이 세우는 통에 / 수업시간마다 실갱이를 벌이는' 제자가 '뒤에서 저를 바라보고 있는 줄 다 알고서 / 깡패같이 어깨를 세우고 / 한참 큰 이웃학교 형들 흉내도 내면서' 건들거리며 앞서 가고 있다. 어설픈 짓만 골라 가면서 해도 그 어설프고 미운 짓조차 예뻐만 보이는 제자가 '오고가는 마음의 길을 진즉 알'기라도 했다는 듯이 '무너진 제 선생의 가슴'을 '얼핏얼핏 막아주며 가'고 있다는 「그대 있음에」에는 선생과 제자 사이에 오고가는 마음의 길이 너그럽고 따뜻하게 열려 있다. 어설프고 미운 짓조차 예뻐만 보이기까지 화자가 삭여온 세월이 서늘하게 읽힌다.

「살아 있는 날들의 평화」에서도 「그대 있음에」에서 만나는 그 서늘한 감동이 담겨 있다. 눈 덮인 엄동에 강물을 따라 떼를 지어 내려 앉는 물새들이 걱정스럽다가 강물의 얼음장을 헤치는 물새들의 빠알간 발가락을 바라보면서 새로운 경이를 만난다. 내려앉을 땅이 있었고 그곳에 먹이가 있었고 그래서 자꾸 살아서 식구를 이루게 된 사연을 짐작한다. 「그대 있음에」에서와 마찬가지로 이 작품에서도 서늘하고 따뜻한 교감이 '쿵쾅거리며 피를 돌'게 한다. 두 작품 모두 세월과 절망이 곱게 삭아서 인화된 감동적인 흑백사진이다.

돌아보면 지나간 80년대는 추상적 열정이 온 나라에 들끓던 희한한 시대였다. 김영춘의 이 새 시집에는 그 추상적 열정들이 겪어야 했던 시련이 민낯으로 그 모습을 보이기도 하거니와, 아직도 김영춘의 가슴에서 쿵쾅거리며 거친 숨소리로 살아 있는 80년대적 열정과 그 순결한 정신을 확인하게 하는 시 「산을 오르다」한 편을 덧붙이면서 부족한 글을 마친다.

 계곡을 오르내리는 버들치처럼
 꽝꽝한 제 몸 뚫고 얼굴 내민
 물푸레나무의 정다운 새잎처럼
 우리들의 시절
 그만 못해도
 너희들만 훨씬 못해도
 아직 살아 있었구나
 내 거친 숨소리 내가 듣는다